DE L'HUÎTRE,

ET DE SON USAGE

COMME ALIMENT ET COMME REMÈDE;

Par Etienne SAINTE-MARIE,

DOCTEUR EN MÉDECINE DE LA FACULTÉ DE MONTPELLIER, MEMBRE DU CONSEIL DE SALUBRITÉ ET DE LA COMMISSION DE STATISTIQUE DE LYON ET DU DÉPARTEMENT DU RHÔNE, MÉDECIN CONSULTANT DE LA SOCIÉTÉ D'ASSURANCE ET DE SECOURS MUTUELS EN FAVEUR DES PROTESTANS, MEMBRE DE L'ACADÉMIE DE LYON, DU CERCLE LITTÉRAIRE ET DE LA SOCIÉTÉ DE MÉDECINE DE LA MÊME VILLE, DE LA SOCIÉTÉ DE MÉDECINE-PRATIQUE DE MONTPELLIER, DE LA SOCIÉTÉ DE MÉDECINE DE TOULOUSE, DE LA SOCIÉTÉ MÉDICALE DE GENÈVE, ETC.

LYON,

IMPRIMERIE DE J. M. BOURSY, RUE DE LA POULAILLERIE.

FÉVRIER 1827.

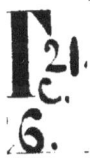

DE L'HUÎTRE,

ET DE SON USAGE

COMME ALIMENT ET COMME REMÈDE.

DE L'HUÎTRE,

ET DE SON USAGE

COMME ALIMENT ET COMME REMÈDE;

Par Etienne SAINTE-MARIE,

DOCTEUR EN MÉDECINE DE LA FACULTÉ DE MONTPELLIER, MEMBRE DU CONSEIL DE SALUBRITÉ ET DE LA COMMISSION DE STATISTIQUE DE LYON ET DU DÉPARTEMENT DU RHÔNE, MÉDECIN CONSULTANT DE LA SOCIÉTÉ D'ASSURANCE ET DE SECOURS MUTUELS EN FAVEUR DES PROTESTANS, MEMBRE DE L'ACADÉMIE DE LYON, DU CERCLE LITTÉRAIRE ET DE LA SOCIÉTÉ DE MÉDECINE DE LA MÊME VILLE, DE LA SOCIÉTÉ DE MÉDECINE-PRATIQUE DE MONTPELLIER, DE LA SOCIÉTÉ DE MÉDECINE DE TOULOUSE, DE LA SOCIÉTÉ MÉDICALE DE GENÈVE, ETC.

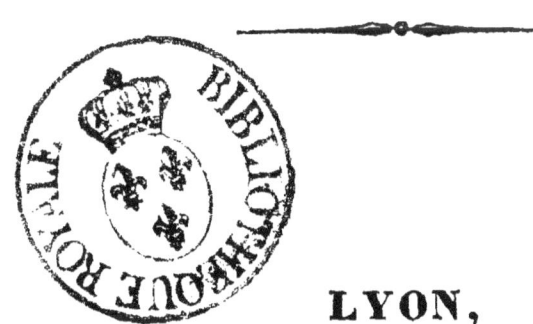

LYON,

IMPRIMERIE DE J.-M. BOURSY, RUE DE LA POULAILLERIE.

FÉVRIER **1827**.

A

MON EXCELLENT CONFRÈRE,

M. LE DOCTEUR

D.-J. TOURNON,

PROFESSEUR DE MÉDECINE A TOULOUSE,

AUTEUR DE LA FLORE DE TOULOUSE, ETC.

ETIENNE SAINTE-MARIE, D. M. M.

Lyon, 28 Février 1827.

DE L'HUÎTRE,

ET DE SON USAGE

COMME ALIMENT ET COMME REMÈDE.

Autrefois l'huître (*ostrea edulis*) était à peine connue à Lyon, ou du moins l'on n'en faisait ici qu'une consommation très-modérée. Le prix élevé de ce mollusque semblait l'exclure des tables vulgaires, et beaucoup de riches s'abstenaient d'en manger parce que les communications avec Paris et les ports de l'Océan étant lentes et difficiles, les huîtres ne nous arrivaient point dans cet état de fraîcheur et de pureté qui en fait rechercher l'usage.

Les choses ont changé : la rapidité et la facilité des transports permet de recevoir, tous les jours, à Lyon des huîtres parfaitement fraîches ; d'un autre côté, la concurrence plus grande des sauniers qui se livrent sur le littoral de l'Océan à l'éducation des huîtres, et la concurrence non moins remarquable des marchands de marée dans les grandes villes de l'intérieur de la France, ont rendu beaucoup plus général parmi nous l'emploi des huîtres comme aliment. Ceci tient, en grande partie, à ce principe d'économie politique devenu trivial à force d'avoir été répété; que plus l'industrie se perfectionne ou est encouragée, plus ses produits sont faciles et abondans, plus le prix de ces produits diminue et baisse, plus ils circulent dans des classes de la société où ils ne trouvaient point auparavant de débouchés, plus les jouissances sociales augmentent, et plus les producteurs s'enrichissent par le nombre toujours croissant des consommateurs. Ce que nous disons des huîtres s'applique aussi à la morue (*gadus morrhua*); l'abondance, la hardiesse et le bonheur des pêches, peut-être les douceurs du fisc à cet égard ou d'autres raisons que je connais moins font livrer à cinquante centimes environ une quantité de ce poisson que nos pères payaient plus de deux cents, il y a 50 ans.

L'huître, ayant presque cessé pour notre ville d'être un aliment de luxe, et ayant, pour ainsi dire, pris son rang parmi les nourritures communes, la connaissance de son bon état, de ses dégénérations et des soins à prendre pour la conserver est devenue un sujet d'étude pour la police de salubrité, et c'est principalement pour exprimer, par rapport à ce mollusque, quelques vues utiles à la santé publique, que j'ai écrit cette dissertation.

On ne connaît guères dans nos pays que l'huître commune qui est transportée en poste, et en moins de douze heures, de Caen, de Cancale, etc., à Paris, et qui expédiée ensuite de Paris à Lyon, au moyen de la malle, des diligences et des messageries, nous arrive de la capitale en 50 à 60 heures. Nous ne connaissons guère l'huître verte que l'on mange avec délices en Angleterre, à Bordeaux, à Dieppe, à St.-Vaast de la Hougue, à Ostende et surtout à Marennes. Si le plan que je me suis tracé me permettait un plus long développement de mes idées, j'examinerais quelques points d'histoire naturelle relative aux huîtres, que je me borne pour le moment à énoncer.

Je rechercherais, par exemple, si la couleur verte, propre à quelques-uns de ces mollusques, tient à leur paccage dans des eaux voisines de la mer, dont le fond est couvert de mousse, et les anses bordées de verdure, à la nature du sol, à un animalcule qui s'introduit dans les parcs, et que les naturalistes ont appelé *Vibrion*. Il est bien plus présumable que cette couleur, ainsi que le prétend M. G. de la B., président du tribunal de Marennes (1), est due au concours de diverses choses, dans le pays où il écrivait, d'abord à la situation des claires sur les rives du confluent de la Seudre, dont les eaux douces sont déjà combinées avec celles de la mer, et qui, poussées dans les réservoirs, à l'époque des sygyzies, se combinent encore avec les eaux pluviales; en second lieu, à une température modérée, puis au soleil et au vent nord-est qui viennent développer le principe de la coloration, enfin au mode d'administrer les parcs qu'une longue expérience a fait adopter.

Je ferais remarquer ensuite une certaine phosphorescence, semblable à celle qui distingue dans les ténèbres le ver-luisant, que l'on observe à la surface de l'huître dans certains reflets de la lumière artificielle, et qui me porte à croire qu'on est bien loin d'avoir déterminé, par une

---

(1) *Dissertation sur les Huîtres vertes*, Rochefort, avril 1821, in-8.º de 96 pages. Je recommande cet opuscule comme un excellent mémoire d'histoire naturelle pratique; j'appelle ainsi cette histoire naturelle que l'on fait, non point au coin de son feu ou dans son cabinet, d'après des notes ou documens faux ou incomplets, mais sur les lieux mêmes, en présence des sujets que l'on veut décrire, après une longue habitude et une longue expérience de ces sujets.

analyse minutieuse, tous les principes qui existent dans ce coquillage.

J'aurais encore à examiner la nature et l'espèce d'un ver que j'ai quelquefois rencontré nageant dans l'eau dont l'huître est entourée. Ce ver, ordinairement long d'un pouce ou d'un pouce et demi, mince et presque filiforme, blanc, ou plutôt d'un blanc cendré, se tortille et se contourne dans tous les sens quand on cherche à le saisir. Il n'appartient point à l'espèce de ces vers rougeâtres qui abondent dans la cavité des écailles au moment du frai, et qui rendent alors l'usage de l'huître si pernicieux.

La multiplication des huîtres ne serait pas moins digne d'attention ; elle est prodigieuse ; écoutons encore ici M. G. de T. : « Si la plupart des semences des huîtres n'étaient pas perdues dans la mer, parce que les flots les portent souvent sur des fonds vaseux, dont le défaut de consistance, et d'ailleurs les émanations insalubres empêchent le développement des germes, et les étouffent même dans leur essence, il en résulterait que cette famille de testacées deviendrait extraordinairement abondante, et pourrait peut-être déranger, si l'on osait parler ainsi, l'admirable équilibre qu'une main toute-puissante a établi parmi les autres espèces ; jamais du moins l'homme, ou les ennemis de ces bivalves, ou l'action des élémens, ne pourraient en consommer, détruire ou anéantir un assez grand nombre pour en diminuer l'excessive quantité (1). » Le limaçon, qui est aussi un mol-

---

(1) Voyez la dissertation déjà citée aux pages 27 et 28. J'étais occupé d'idées semblables et d'autres qui s'y rapportent, lorsque, dans mon *Précis élémentaire de police médicale*, Paris, juillet 1824, in-8.º, premier cahier, pag. 65, 66 et 67, j'ai cherché à combattre les théories de Malthus, qui fait un appel au vice, à la misère, à la peste, à la guerre, à tous les fléaux, pour millésimer et même décimer cette espèce humaine qu'il compare à une vermine éminemment prolifique, et pour laquelle il croit que les moyens de subsistance sont bien loin d'être proportionnés aux moyens de reproduction. Malthus pouvait très-bien connaître le mouvement de la population et l'échelle selon laquelle son accroissement a lieu; mais il fallait peser dans la même balance, et mettre, pour ainsi dire, en regard tous les moyens d'alimentation : et notre catalogue, à cet égard, est très-défectueux, très-incomplet. Que de terres en friche ! que de semences nutritives sont perdues, faute d'une sage économie qui les ferait servir à nos besoins ! que de choses qui nourrissent restent encore à découvrir ! Le vaste domaine des mers a été à peine exploité dans l'intérêt de notre consommation alimentaire. Un régime analogue à celui des peuples ichtyophages n'aurait sans doute rien de contraire à la durée de la vie et à la conservation des belles races propres à notre espèce. L'auteur ou les auteurs de l'ouvrage singulier écrit en Egypte, et connu sous le nom de *Telliamed*, auraient trouvé sans doute, dans l'effica-

lusque, ne multiplie pas moins : dans une année pluvieuse, il y a plus de limaçons dans 10 lieues de pays, que d'hommes sur la terre.

L'huître est un de nos alimens les plus délicats : *nobilissimus cibus*, disent les auteurs de matière alimentaire. Il faut qu'un instinct bien puissant pousse l'homme à se nourrir de ce mollusque, puisque l'on voit des individus qui, sans avoir ni le goût ni l'habitude de la gourmandise, entreprennent de longs et pénibles voyages, et font jusqu'à deux ou trois cents lieues pour se rendre sur un littoral ou dans des ports de mer où l'huître est pêchée en abondance. Je tiens d'un fameux restaurateur de Paris, que son cabaret, justement renommé pour le choix et la bonne qualité des huîtres, était particulièrement fréquenté, en 1814 et 1815, par les officiers russes ; qu'ils mangeaient surtout des huîtres avec excès, et que les nombreux quintaux de ce mollusque qui entraient chaque jour dans sa cuisine suffisaient à peine pour le tenir au pair avec leur avide consommation. La sensualité de

---

cité de ce régime, par rapport à l'espèce en général, de nouvelles preuves en faveur de leur paradoxe, sur l'origine primitive de l'homme, sur les besoins physiques qui en découlent immédiatement, et sur les moyens naturels de les satisfaire.

Montaigne est assez connue ; être sujet à la colique, dit-il, et s'abstenir des huîtres, ce sont deux maux pour un. On sait que l'empereur Claude les avait prises en très-grande passion, et qu'il en poussait l'usage le plus souvent jusqu'à ce que l'indigestion s'ensuivît. Trajan faisant la guerre aux Daces, n'était réjoui par aucune nouvelle venant de Rome autant que par l'annonce des cloyères que lui expédiait un chevalier romain qui avait trouvé le secret, aujourd'hui perdu, de conserver les huîtres fraîches et intactes pendant un fort long-temps, et de les faire parvenir sans altération aux distances les plus éloignées. Exilé à Marseille pour le meurtre de Clodius, Milon supportait sa mauvaise fortune avec courage et même avec gaîté ; ayant un jour reçu de Cicéron un plaidoyer bien supérieur à celui que l'illustre orateur romain avait prononcé d'abord, il lui répondit : « Je m'estime heureux que tant d'éloquence n'ait point agi sur mes juges. Si vous aviez ainsi parlé d'abord, je ne mangerais pas ici d'aussi bonnes huîtres. » Aux Etats-Unis, les huîtres sont la friandise nationale les jours où les travaux sont suspendus ; elles sont pour les ouvriers anglo-américains, ce que la cruche de bière, avec la tranche de jambon, est pour nos artisans lyonnais les dimanches et jours de fêtes.

De tous les animaux employés à notre nourriture, l'huître est le seul que l'homme mange vivant; car on ne peut considérer comme une méthode thérapeutique positive et adoptée l'usage des cloportes crus et sans doute vivans que de Haën a vu manger avec du pain (1), et de la manière la plus efficace, dans certains affaiblissemens de la vue avec sécrétion muqueuse surabondante des principales parties qui composent l'organe visuel. Cette méthode n'a rien d'extraordinaire aujourd'hui, si l'on considère que les cloportes, outre le mucilage et la gélatine dont ils regorgent, contiennent aussi une assez grande quantité d'ammoniaque, et qu'un nombre considérable de topiques, employés pour les yeux sous la forme de poudre, d'essence, de flacon, de sachet, ne doivent leur efficacité, pour conserver la vue ou remédier à ses altérarations, qu'à la partie ammoniacale, bien manifeste à l'odorat, dont elles sont pourvues.

Les arrivées d'huîtres sont trop fréquentes à

---

(1) *Quum itaque ex sapore remedii conjiciebat aeger millepedes inesse, rogabat veniam eos comedendi cum pane, ut in juventute, quum tam bene sibi sapuissent et tam miraculose profuissent. Concessi, usus est crudis, bellissimeque convaluit.... Rarissimi sunt qui sic millepedes comederent crudos; ego saltem agerem gratias.* Prælect. Ant. de Haën. Patholog. Symptom.

Paris, la consommation active en renouvelle trop souvent les dépôts, et d'ailleurs la police de salubrité en surveille la vente avec trop d'intérêt, pour qu'on se permette à l'égard de ce comestible les fraudes plus ou moins grossières dont nous avons lieu de nous plaindre dans la province. J'en signalerai quelques-unes, celles au moins qui me sont connues ; et cet avertissement sera, j'ose l'espérer, d'autant plus utile, que l'huître est devenue un aliment presque commun, que la modération du prix la met à la portée d'un plus grand nombre de particuliers, et qu'elle est appelée, ainsi que je l'exposerai bientôt, à figurer dans notre matière médicale, et à prendre son rang parmi nos agens thérapeutiques les plus distingués.

Les cloyères ne sont pas toujours livrées aux consommateurs telles que le service des postes et des messageries les apporte dans la ville. Les détaillans, et c'est d'abord par leurs mains qu'elles passent, éventrent souvent les bourriches, font des choix, en composent de nouvelles, les unes d'une qualité supérieure, destinées aux gros consommateurs, aux traiteurs, aux cuisiniers, et les autres réservées pour les consommateurs vulgaires et subalternes, qui ne peuvent acheter qu'à la douzaine. Il importe d'être en garde contre cet abus toutes les fois que les huîtres sont employées comme remède ; mais il en est un bien plus grave pour les malades, et dont il est encore plus important de les avertir.

Lorsque le débit de l'huître a souffert quelque retard ou quelque langueur, en langage de marchand, lorsque la vente a mal donné, plusieurs trafiquans de marées, pour préserver la marchandise d'une corruption manifeste qui en empêcherait l'écoulement ultérieur, sont dans l'usage de la faire macérer dans de l'eau salée. Cette tromperie est plus facile à reconnaître que la précédente : l'intérieur des valves contient alors beaucoup plus d'eau qu'il n'a coutume d'en contenir ; les huîtres n'offrent plus qu'un tissu mou, flasque et dégoûtant ; la dent n'y trouve plus cette résistance charnue qu'elle aime tant à y sentir dans leur état naturel ; l'extérieur des écailles est remarquable par son extrême humidité, et, peu de temps après avoir consommé de pareilles huîtres, on éprouve dans la bouche une saveur saumâtre avec beaucoup de soif.

Les huîtres gelées, et qu'on a fait dégeler tout-à-coup et sans précaution, s'altèrent d'une autre manière ; elles acquièrent une saveur acidule et piquante, qui en rend le goût désagréable et la digestion difficile.

On a imaginé différens moyens pour prolonger l'usage des huîtres hors des temps où elles sont généralement réputées salubres. Ainsi, les huîtres marinées, quoique le liquide dans lequel on les fait macérer semble propre à en faciliter la digestion, sont loin de valoir les crues ; on les mange avec de l'huile ; elles ont bien la forme de l'huître et un peu sa couleur, mais elles n'ont presque rien de la saveur délicieuse qui lui est propre. Les huîtres que l'on sert dans les coquilles, et que l'on fait cuire avec des anchois, des fines herbes et divers assaisonnemens, sont les plus indigestes de toutes. Je citerai ici, pour mémoire seulement, et pour laisser moins à dire sur un sujet que je suis loin d'avoir épuisé, les pâtés d'huîtres d'Amat, fameux pâtissier-traiteur de Montpellier, qui envoie journellement dans les provinces les plus éloignées de la France, et même à l'étranger, ces produits de ses fours.

On ne doit généralement user des huîtres que pendant huit mois de l'année, c'est-à-dire, depuis le mois de septembre jusqu'à la fin d'avril. Pendant les quatre mois qui suivent ce dernier, leur usage est réputé insalubre et même dangereux. On cite particulièrement les mois de juin et de juillet comme ceux où la chair de l'huître acquiert les propriétés les plus malfaisantes. La vente en est alors prohibée à Paris. On aurait encore plus de raisons dans nos provinces pour en user de la sorte, si les huîtres continuaient d'y arriver aux époques que nous venons d'indiquer.

Cependant les amateurs de ce comestible trouvent à Paris des hôtels où ils peuvent, tous les jours de l'année, satisfaire impunément leur sensualité à cet égard ; et j'ai vu en août 1822, malgré les chaleurs excessives qui régnaient alors depuis deux à trois mois, sur la table d'un célèbre teinturier de notre ville, des huîtres parfaitement fraîches et du meilleur goût, dont l'usage n'incommoda personne. Dans les provinces maritimes où l'on fait des éducations d'huîtres, il paraît qu'on en peut consommer toute l'année sans le moindre inconvénient. C'est ainsi du moins qu'il faut entendre ce passage de la dissertation de M. G. de T. : « Quant à moi, dit-il, qui connais toutes ces particularités, j'ai peut-être plus d'occasions que personne à Marennes de les apprécier, à cause de mon vif désir et de mon habitude de manger *journellement* des huîtres vertes (1). »

Je me hâte d'arriver aux usages de l'huître comme régime des malades et comme médicament.

Elle a toujours passé pour un excellent remède contre le catarrhe nasal ou coryza, et

---

(1) Pag. 62 et 63.

(20)

contre le catarrhe pulmonaire. Cette opinion est populaire à Paris, et l'huître n'y est pas moins renommée pour arrêter les progrès d'un rhume commençant ou pour en préserver, que ne l'est, dans le même cas, le chou, et surtout le chou rouge en Italie (1). C'est en buvant par-dessus ce mollusque force vin de Chablis qu'on semble plus sûr de ses bons effets. Cette méthode devient alors éminemment excitante ; et, comparée à d'autres analogues, aussi efficaces quoique moins usitées, elle n'a plus rien d'étonnant, ni pour le conseil qui les a dictées, ni pour la mode qui les a fait prévaloir.

---

(1) *A febre catarrhali me meosque, tunc etiam cum quasi epidemice recurrit, plures jam annos servavi ex quo in quotidiana hyemali cœna haud aliis herbis ad acetarium utimur, quam cocta brassica.* (*Morgagni de sedibus et causis morborum. Epist. Anat. med.* 13, 4.) Le chou rouge est fort recommandé dans les enrouemens, la toux, les catarrhes et la phthisie pulmonaire ; on en fait des bouillons, des coulis, des salades ; on en exprime le suc, que l'on retire par des incisions pratiquées le long des tiges, et on convertit ce suc en gelée, en sirop, etc., que l'on emploie dans les mêmes circonstances. Hippocrate prescrivait aux phthisiques le suc de chou sauvage (*Brassica Sylvestris*). On trouve dans le *Codex* la formule d'un sirop de chou rouge, à laquelle j'ose préférer, pour les affections catarrhales, la recette d'un sirop fait avec la même substance, et que j'ai indiquée dans mon *Nouveau Formulaire*, pag. 386.

Il est certain que les méthodes perturbatrices et stimulantes ont souvent réussi au début des affections catarrhales. Le punch est, au commencement de ces maladies, en très-grande réputation et d'un usage presque domestique. Les peuples du nord font, dans les mêmes circonstances, une abondante consommation d'un thé très-chargé, soit pour éviter les rhumes lorsqu'ils s'exposent au froid, soit pour les faire cesser promptement, soit pour ranimer les membres engourdis par une température très-basse. Zimmermann, dans son Traité de l'expérience en médecine, et son savant traducteur expriment à cet égard la même opinion. M. Laennec conseille dans les catarrhes récens, et comme un remède dont la pratique a suffisamment constaté les effets, de prendre dans un bowl d'infusion de fleurs de violettes une à deux onces de bonne eau-de-vie mêlées avec une once de sirop de guimauve. Les mêmes méthodes ont été essayées, mais n'ont obtenu que des succès imparfaits dans d'autres catarrhes, et, par exemple, dans la blennorrhagie ; jusqu'à présent elles ne sont parvenues à faire cesser que ceux de ces écoulemens qui tiennent à l'usage immodéré des bières fortes, des bières de Flandre par exemple : un petit verre d'eau-de-vie passe alors pour un spécifique de ces catarrhes.

Ont est souvent embarrassé dans la pratique de la médecine pour alimenter, d'une manière convenable, les convalescens après des fièvres ou des maladies aiguës. Les maîtres de l'art s'expliquent d'une façon si équivoque et avec tant de précision sur les soins à donner dans cette période du mal, que la conduite à suivre semble entièrement livrée à la sagacité du médecin praticien. Nul chemin tracé, nul précepte clair et positif; il faut absolument tout créer. J'ai vu des médecins, pour ranimer les forces toniques de l'estomac et faire participer tous les organes à l'invigoration, si je peux ainsi parler, de ce centre sensitif excité peu-à-peu, prescrire à leurs malades de mâcher des croûtons d'un pain bien levé; d'autres, leur faire sucer les extrémités tendres des os de veau ou d'agneau convenablement cuits; d'autres, leur ordonner des gelées de corne de cerf préparées au quinquina, des gelées de veau apprêtées avec la rouelle et des pieds de veau; d'autres, des blancs-mangers de toute sorte et dont le meilleur modèle est peut-être celui que nous a laissé le docteur Clerc (1); d'autres, des cervelles de porc cuites dans du bouillon avec un brin de

---

(1) *Hist. nat. de l'homme malade.* Montpellier, 1810, in-8.º, tom. II, pag. 41 et 42.

cannelle et mangées avec du pain et très-peu de sel, aliment qui peut sembler grossier, et qui est cependant l'un des plus délicats et des plus légers que je connaisse ; d'autres, des bouillons de grenouilles, de tortue, de vipère, de corbeau, des coulis d'écrevisses ; d'autres, des purées, panades, potages, décoction de gruau, etc.; d'autres, différentes espèces de lait provenant de mammifères ruminans ou non-ruminans, sortant du pis ou conservé plusieurs heures, et dans quelques circonstances fourni par des mammifères qui ont mis bas depuis peu de jours (1). Mais les huîtres me paraissent encore

---

(1) Lorsqu'on a besoin de tenir le ventre libre, on doit préférer le lait séreux des mammifères qui ont mis bas récemment. C'est long-temps encore après la parturition une espèce de *Colostrum*. Le lait d'une vache qui vient de vêler, est préférable, pour relâcher le ventre, à celui qu'elle fournit trois mois après le part, époque où ce liquide a acquis toute sa consistance, toute sa saveur, toute sa perfection. Une pratique minutieuse peut-être, mais qui n'est pas dénuée de fondement, porte quelques médecins à préférer dans les maladies de langueur, lorsqu'on a toutefois le choix de la saison, le lait de l'automne à celui du printemps : en effet, les premières plantes qui reverdissent dans les paturages, appartiennent à la famille des liliacés, et sont toutes remarquables par un principe âcre, plus ou moins abondant, plus ou moins à nu, ou enveloppé de mucilage.

préférables à ces nourritures ; lorsqu'elles sont fraîches et de bonne qualité, je ne connais aucune substance qui se digère mieux et qui nourrisse davantage.

Les huîtres sont presque le seul aliment qui convienne lorsque rien ne passe encore ; elles sont aussi la nourriture à préférer lorsque, par

---

La nature des pâturages influe puissamment sur les qualités du lait, et doit être prise en très-grande considération pour régler convenablement les malades dans l'usage à faire de cette émulsion animale. On vante pour l'excellence du lait certains cantons du pays de Bray, où croissent abondamment le fléau, la raygrass et la cretelle des prés. Je me souviens d'avoir bu avec un plaisir infini, dans quelques montagnes de la Suisse, un lait embaumé, enivrant, et probablement rendu tel par les plantes aromatiques de toute espèce dont les vaches font leur nourriture habituelle. Mon savant confrère, M. le docteur Parat, possède un tableau très-bien fait, qu'il doit aux recherches d'un habile vétérinaire, dans lequel sont indiqués pour les différentes espèces domestiques dont nous faisons servir le lait à nos besoins, l'époque ordinaire du rut, la durée de la gestation, les propriétés physiques et chimiques de chaque genre de lait, les proportions de ses principes dans chaque espèce qui le fournit, les moyens d'alimentation et les soins à prendre de l'animal pour rendre ce produit plus abondant, plus nourrissant, plus médicamenteux. Ce serait faire à la médecine pratique un présent de grande valeur que de publier ce travail.

la dégénération squirreuse du conduit alimentaire dans quelqu'une de ses parties, rien ne passe plus.

Cette proposition me conduit à parler des bons effets qu'on attribue aux huîtres, soit comme aliment, soit comme remède, dans les affections organiques de l'estomac et des intestins. On a surtout conseillé l'eau d'huître contre les squirres encore récens du pylore. Telle était la pratique du docteur Bodin, que nous a fait connaître M. Mérat dans un article excellent, mais beaucoup trop abrégé, sur les huîtres, contenu dans le Dictionnaire des sciences médicales, T. 21. M. Bodin envoyait ses malades chercher de l'eau d'huîtres chez les écaillères de la rue Montorgueil, et ils en buvaient cinq ou six cuillerées à bouche, et même plus chaque jour. Je trouve l'avis fort bon; je pourrais même en confirmer l'utilité par ma pratique; je dois seulement me récrier sur la timidité de la dose. On peut en permettre aux malades un demi-litre et même plus dans les 24 heures. J'en ai souvent pris cette quantité pour mon agrément dans l'état de santé, et, loin d'en éprouver la moindre incommodité, je n'en ai ressenti que plus d'appétit, plus de facilité à digérer des alimens substantiels et même grossiers. Voilà donc, s'écrie avec raison M. Mérat, *une nouvelle eau minérale animale* (je transcris ces mots exactement); et certes elle est bien préférable aux eaux de Barèges et de Vichi qu'on emploie si inutilement, et souvent avec tant de préjudice pour les malades, dans les maux de cette espèce.

La vertu aphrodisiaque des huîtres n'est pas assez constante pour en parler ici ; j'ai vu cependant deux ou trois individus qui éprouvaient cet effet des huîtres d'une manière remarquable, et qui avaient, à la vérité, les organes reproducteurs extrêmement susceptibles et irritables.

Une propriété moins douteuse des huîtres, c'est leur efficacité dans la phthisie pulmonaire. La simple analogie nous met déjà sur les traces de cette propriété. Le limaçon, ou colimaçon, ou escargot, qui appartient à la même classe d'animaux mous, sans vertèbres et sans articulations, jouit d'une réputation méritée et connue depuis long-temps dans le traitement de la phthisie pulmonaire. Ces deux espèces de mollusques contiennent une abondante quantité d'une liqueur glutineuse qui leur est propre et qui sert à former leurs coquilles. L'escargot fut employé de tout temps comme un excellent remède dans la phthisie pulmonaire et dans d'autres maladies consomptives. On le prescrit ordinairement en bouillon ou en sirop. C'est leur suc exprimé que je préfère comme plus propre à lui conserver toutes ses propriétés naturelles, et la formule que j'emploie le plus souvent dans ces maladies est la suivante : Prenez escargots de vigne bien lavés et écrevisses de rivière, quantité égale ; pilez-les ensemble, avec leur test, dans un mortier, et retirez-en par expression, au moyen de la presse, huit à dix onces de suc que l'on prend en deux ou trois doses dans les 24 heures, délayant chaque dose dans un bowl de lait ou dans tel autre véhicule jugé plus convenable. Outre les principes qui lui sont spécialement propres, ce suc contient encore une certaine quantité de carbonate calcaire, qui, quoique en suspension et non-dissous, ne laisse pas de contribuer à ses heureux effets.

Les huîtres sont également conseillées par la plupart des célèbres médecins dans le régime et le traitement des phthisiques. Quarin en permet l'usage à ces malades, pourvu qu'ils les mangent sans assaisonnement (1). Je les ai souvent prescrites comme aliment dans divers états de consomption, et elles ont opéré des changemens si salutaires que je les ai indiquées quelquefois dans les phthisies pulmonaires comme un re-

---

(1) Voyez la traduction française que j'ai donnée des *Observations pratiques sur les maladies chroniques*, par cet auteur. *Paris*, 1807, in-8.º, pag. 105 et 106.

mède qu'aucun autre n'était capable de remplacer. Je pourrais, à l'appui de ce que j'avance, rapporter plusieurs faits ; je choisis et préfère le suivant, quoique la guérison que l'emploi des huîtres a procurée, n'ait pas été durable. Les gens du monde, *qui nihil sapiunt in arte nostra*, qui ne tiennent point compte à la médecine de la certitude qui lui est propre, et qui veulent, dans l'application de nos moyens, des résultats précis et absolus, comme s'il dépendait de nous de changer les lois de la nature, ne seront pas satisfaits d'un exemple où la guérison n'a été que passagère : mais les hommes de l'art sont plus capables de m'éclairer sur la valeur de cette observation, et c'est pour eux que j'en expose ici les détails.

Une demoiselle de cette ville, âgée de 26 ans, d'une constitution forte et robuste, avait éprouvé, en 1821, une tumeur blanche au coude gauche. En novembre 1824, après quelques semaines d'un rhume de poitrine, elle fut prise d'un crachement de sang, et peu-à-peu survinrent tous les symptômes de la phthisie pulmonaire tuberculeuse la mieux caractérisée. Je la vis dans cet état, adjoint par la famille au médecin ordinaire, homme très-estimable et fort instruit, qui voulut bien agréer cette concurrence de soins et de secours. Les différens remèdes usités dans des cas semblables furent employés, mais absolument sans succès. Dès le milieu de février, le second degré de la maladie était presque terminé, et le commencement du troisième semblait prochain, à en juger par l'expectoration décidément purulente, par la perte des forces, par une extrême maigreur à laquelle le marasme allait bientôt succéder, par des sueurs nocturnes très-abondantes, etc. Dans cette situation presque désespérée, la malade me fit prier de passer auprès d'elle, non pour lui prescrire des remèdes dont elle avait reconnu l'inutilité et pour lesquels elle éprouvait d'ailleurs un déboire insurmontable, mais pour lui indiquer un régime qui lui rendît ses souffrances supportables jusqu'à la fin. Je répondis de suite à cet appel, et trouvant la résolution de la malade invariable et d'ailleurs très-sensée, je me renfermai dans les soins du régime, les seuls qu'on exigeait de moi.

Ayant appris que cette demoiselle aimait beaucoup les huîtres et qu'elle en mangeait quelquefois dans l'état de santé, je lui proposai de se nourrir presque uniquement avec ce coquillage, et je lui indiquai en même temps les choix à faire et les moyens à employer pour éviter les tromperies des marchands. Pendant plus de deux mois, la malade fut alimentée avec des huîtres; elle en réglait la quantité, et leur distribution en plusieurs petits repas dans les 24 heures, sur son appétit, sur sa facilité à les digérer et sur l'absence ou la présence de la fièvre. Elle buvait un peu de crême par dessus (1); sa boisson ordinaire était du lait pur ou coupé avec une décoction d'orge. C'est pour faire, à la vérité, sa part entière que j'indique ces autres moyens d'alimentation; mais ils ont fort peu contribué au succès, attendu que la malade, depuis plus de deux mois, faisait déjà usage du lait de chèvre sortant du pis, à la dose de trois ou quatre tasses chaque jour. Je dois mentionner aussi quelques moxas sur la région dorsale, appliqués selon la méthode de M. Sarlandière, la plupart avant le régime indiqué et quelques autres depuis qu'il tenait lieu de tout traitement.

---

(1) Quoique la crême passe avec raison pour indigeste, je ne connais cependant rien qui lui soit supérieur, lorsqu'on la boit peu à peu, par petites gorgées qu'on avale lentement, dans les périodes avancées de la phthisie pulmonaire. J'emploie également avec succès, dans les affections catarrhales, un mélange à partie égale de beurre frais et de sucre candi réduit en poudre impalpable, qu'il faut triturer longuement. On prend une cuillerée à café de ce mélange très-souvent, ayant soin de laisser fondre le remède dans sa bouche, et de l'avaler peu à peu : il opère quelquefois comme un doux laxatif.

L'usage des huîtres continué pendant neuf à dix semaines eut les plus heureux effets ; prises d'abord seules, on leur joignit plus tard quelques nourritures plus substantielles. Tous les symptômes disparurent peu-à-peu, et vers la fin d'avril, la malade vint chez moi, de son pied, me remercier de mes soins, jouissant alors d'un embonpoint, d'une fraîcheur de teint, et de forces musculaires qu'elle ne connaissait point avant cette phthisie. Ma première idée, en la voyant ainsi brillante de santé, fut que je m'étais trompé, que mon diagnostic avait été mal établi, et que, au lieu d'une phthisie pulmonaire, je n'avais eu réellement qu'un catarrhe des poumons à traiter.

Mais j'avais bien jugé; l'ennemi qui paraissait mort, anéanti, n'était qu'abattu, et il devait bientôt se relever pour porter à sa victime de nouveaux coups qui, cette fois, seraient mortels. Cette guérison, en effet, dura peu : dans les premiers jours de septembre, après avoir mangé une salade de haricots dans laquelle on avait peut-être prodigué les assaisonnemens, cette excellente fille éprouva une forte indigestion qui dégénéra, sous l'influence des chaleurs, en un cholera-morbus chronique, et je l'appelle ainsi parce qu'il dura près de quinze jours avec des interruptions et des reprises. Cet accident renouvela la première maladie qui se termina deux mois après par la mort, malgré les soins les plus empressés et tous les remèdes mis en usage pour en arrêter, une seconde fois, le cours.

Quelque précaire et insuffisante que cette observation puisse paraître, il n'en est pas moins constant que la phthisie pulmonaire qui en fait le sujet, a été guérie pendant plus de quatre mois; qu'elle l'a été de manière à tromper la sagacité de tout le monde, qu'on ne peut déterminer jusqu'à quel temps cette guérison se serait prolongée ou maintenue, sans l'accident d'un cholera-morbus qui vint fortuitement en interrompre la durée; qu'elle appartient indubitablement au régime des huîtres, ayant commencé précisément à l'époque ou l'usage de ce mollusque remplaça tous les alimens, tous les remèdes; enfin, qu'il faudrait féliciter l'art de ses avantages, quand bien même il n'en aurait eu d'autre que d'obtenir du mal une trève, un armistice, une suspension si remarquable des symptômes pendant quatre mois.

L'analyse chimique ne nous a bien fait connaître jusqu'ici que l'enveloppe de l'huître: mais la médecine pratique et l'hygiène attendent d'elle des éclaircissemens plus précieux ; elles sont surtout intéressées à connaître les principes de l'animal renfermé dans la coquille, ensuite, et plus particulièrement, la nature de l'eau dont il est entourée. Nous ne possédons encore à cet égard que l'analyse grossière du goût, sens éminemment infidèle. C'est lui, par exemple, qui nous apprend que l'huître est composée de deux substances, l'une gélatineuse, essentiellement incrassante et invisquante; l'autre salée, de nature muriatique, sorte de saumure naturelle, qui stimule doucement, comme l'observation le démontre tous les jours, les organes digestifs, augmente leur mouvement péristaltique et purge même quelquefois. Une analyse plus régulière doit aller plus loin, et je serais bien trompé si, outre les principes énoncés ci-dessus, l'huître ne contenait pas encore, dans une très-grande combinaison, une certaine quantité de gaz hydrogène sulfuré, appelé aujourd'hui acide hydro-sulfurique. Quant à l'eau, c'est bien l'eau de la mer elle-même qui sert à la nutrition de l'huître, mais elle s'offre à nous incubée par l'animal, mêlée peut-être avec le produit de ses sécrétions, altérée, animalisée par lui, et tout me porte à croire que c'est un liquide *sui generis*, qui n'a point d'analogue dans la nature.

Je m'arrête là, n'ayant d'autre but que de provoquer les recherches, les observations et les expériences qui nous manquent, et qui sont indispensables pour introduire avec confiance et sûreté dans notre matière médicale un nouveau moyen, un nouvel agent, déjà si célèbre dans notre matière alimentaire.

FIN.

www.ingramcontent.com/pod-product-compliance
Lightning Source LLC
Chambersburg PA
CBHW060559050426
42451CB00011B/1995